¿Sabías qué?

El Bombardeo Diario de la Luna

Mientras contemplas la serena belleza de la Luna, es difícil imaginar que está siendo golpeada constantemente por materia espacial. Cada día, nuestro satélite natural es impactado por aproximadamente 2800 kilogramos de micrometeoritos y otros escombros espaciales. Este constante bombardeo es testigo de la dinámica y a veces violenta naturaleza del espacio que nos rodea.

¿Sabías qué?

La Primera Sabor de Papas Fritas

En el mundo de las golosinas y snacks, las papas fritas ocupan un lugar especial en nuestros corazones y paladares. Pero, ¿sabías que el primer sabor de papas fritas comercialmente disponible fue el de queso con cebolla? Inventado en 1954, este sabor pionero abrió el camino para la increíble variedad de opciones que disfrutamos hoy en día.

Bienvenido a un viaje a través de las maravillas, misterios y hechos sorprendentes que pueblan nuestro mundo. "¿Sabías Qué? Una Aventura por las Curiosidades del Mundo" es tu pasaporte a un viaje extraordinario por los rincones más insólitos del conocimiento humano, la naturaleza y la ciencia. Desde el vasto cosmos hasta las profundidades del océano, pasando por los enigmas de la historia y las peculiaridades de la vida cotidiana, este libro te invita a explorar curiosidades que desafían la imaginación, rompen con lo ordinario y amplían nuestra percepción de lo posible. Cada página es una ventana a historias fascinantes y datos asombrosos que te harán cuestionar, reír y, sobre todo, maravillarte.

En un mundo donde la rutina a menudo nubla nuestro asombro, "¿Sabías Qué?" busca reavivar esa chispa de curiosidad innata que nos impulsa a indagar y descubrir. A través de un recorrido por fenómenos naturales que desafían la lógica, inventos que marcaron el curso de la humanidad, y tradiciones y costumbres que revelan la rica tapestria de culturas alrededor del globo, este libro es una celebración del asombroso tapiz que es la vida.

Te invitamos a dejar de lado lo que creías saber, a abrir tu mente y a embarcarte en este viaje de descubrimiento. Cada curiosidad es una puerta que se abre a nuevas preguntas, cada hecho una invitación a seguir explorando. Prepárate para sumergirte en el fascinante mundo de lo curioso, lo inesperado y lo extraordinario.
Así que adelante, pasa la página y comienza esta aventura por las curiosidades del mundo.

¿Estás listo para sorprenderte?

¿Sabías qué?

La Galaxia de Andrómeda:
Un Gigante Invisible

¿Sabías que, vista desde la Tierra, la galaxia de Andrómeda ocupa un espacio en el cielo seis veces mayor que la Luna llena? Sin embargo, a pesar de su inmenso tamaño, esta vecina galáctica permanece casi invisible para nosotros en la noche. La razón detrás de este fenómeno es la tenue luz de Andrómeda, que palidece en comparación con el brillante resplandor de nuestro satélite natural. Esta gigante espiral, situada a unos 2.5 millones de años luz de distancia, es un recordatorio de la vastedad y la maravilla del cosmos que nos rodea.

¿Sabías qué?

Mapas Antiguos y Monstruos Marinos

Los antiguos mapas son fascinantes no solo por su arte y geografía, sino también por los misteriosos monstruos marinos que a menudo los adornan. Estas criaturas, lejos de ser meras fantasías, servían como advertencias de los peligros y las aguas turbulentas que los navegantes podrían enfrentar. Era una forma pictórica de señalar las incógnitas y los riesgos de los viajes marítimos en épocas pasadas.

¿Sabías qué?

Los Sentidos Afinados de los Perros Sabuesos

Los perros sabuesos son conocidos por su increíble capacidad para seguir rastros olfativos. ¿Pero sabías que las largas y caídas orejas de estas razas tienen un propósito especial? Al moverse, las orejas actúan como barrido, recogiendo los olores del suelo y canalizándolos hacia la nariz. Esta característica física les permite ser algunos de los mejores rastreadores en el reino animal.

¿Sabías qué?

La Elección Final de Steve Jobs

Steve Jobs, conocido por su meticulosa atención al diseño y detalle, mantuvo esta pasión hasta los últimos momentos de su vida. En su lecho de muerte, se dice que pidió ver cinco diferentes diseños de máscaras de oxígeno para poder elegir la que, según su criterio, tenía el mejor diseño. Este hecho subraya la profundidad de su compromiso con la estética y la funcionalidad.

¿Sabías qué?

Luxturna: Un Tratamiento de Precio Astronómico

En el ámbito médico, el Luxturna representa un avance significativo como tratamiento para una forma específica de pérdida de visión hereditaria. Sin embargo, lo que también lo distingue es su costo: una sola dosis puede alcanzar los 850,000 dólares, haciéndolo uno de los medicamentos más caros del mundo. Este precio refleja los desafíos y costos asociados con el desarrollo de terapias genéticas pioneras.

¿Sabías qué?

La Prolífica Información del Genoma Humano

El genoma humano es una maravilla de la naturaleza, conteniendo una vasta cantidad de información. Para ponerlo en perspectiva, si se quisiera almacenar la información contenida en un solo genoma humano en libros, se necesitarían aproximadamente 50 volúmenes de 1,000 páginas cada uno, escritos en texto minúsculo. Este hecho destaca la complejidad y la riqueza de la información biológica que cada persona lleva dentro.

¿Sabías qué?

Cibercondría: La Ansiedad Digital por la Salud

La era digital ha traído consigo una nueva forma de ansiedad relacionada con la salud: la cibercondría. Esta se refiere a la tendencia de algunas personas a buscar en Internet síntomas y enfermedades, a menudo llegando a conclusiones erróneas o imaginando padecimientos que no tienen. Este fenómeno resalta cómo el acceso ilimitado a la información puede tener efectos no deseados en nuestra percepción del bienestar.

¿Sabías qué?

El Origen Perfumado de las Fragancias

En la Edad Media, durante brotes de la peste negra, se creía que los malos olores eran un vehículo para la enfermedad. Como resultado, el perfume y la loción no eran solo artículos de lujo, sino también medios de protección. La gente se rociaba con fragancias en un intento de "limpiar" el aire a su alrededor y protegerse de la enfermedad, una práctica que, aunque errónea en su entendimiento de la transmisión de la enfermedad, subraya la importancia histórica de los aromas en la cultura humana.

¿Sabías qué?

Inteligencia Artificial y Videojuegos

Una curiosidad fascinante en el mundo de la inteligencia artificial es que los programas destinados a conducir vehículos autónomos a menudo practican y aprenden conceptos básicos de conducción en el entorno virtual de videojuegos, como "Grand Theft Auto V". Este juego, conocido por su complejo mundo abierto y situaciones variadas, ofrece un campo de pruebas ideal para desarrolladores, permitiéndoles refinar algoritmos en un entorno controlado antes de aplicarlos en el mundo real.

¿Sabías qué?

La Fotografía Impresa Más Grande

La fotografía impresa más grande del mundo mide impresionantes 34 metros de ancho por 10 metros de alto. Esta hazaña no solo demuestra las capacidades técnicas en la fotografía y la impresión, sino también el deseo humano de superar límites y establecer nuevos récords.

¿Sabías qué?

Neblina vs. Niebla

En meteorología, la diferencia entre neblina y niebla se basa en la visibilidad: si un fenómeno reduce la visibilidad a menos de un kilómetro, se le considera niebla; si la visibilidad es mayor a un kilómetro, entonces se trata de neblina. Esta distinción es crucial para la navegación, la aviación y la vida cotidiana, ya que afecta todo, desde la conducción hasta la planificación de eventos al aire libre.

¿Sabías qué?

La Velocidad del Chasquido de Dedos

El chasquido de dedos puede parecer un gesto simple, pero es sorprendentemente rápido: viaja a una velocidad de 32 kilómetros por hora. Esta rapidez subraya la increíble capacidad del cuerpo humano para generar movimientos rápidos y precisos en tareas cotidianas.

¿Sabías qué?

El Refugio Secreto en Pac-Man

En el icónico videojuego Pac-Man, existe un lugar secreto donde los fantasmas nunca pueden atrapar al jugador. Este "escondite" es un testimonio de las peculiaridades y secretos que los desarrolladores de juegos a menudo incorporan en sus creaciones, añadiendo una capa adicional de misterio y estrategia.

¿Sabías qué?

La Historia de las Jirafas y su Antiguo Nombre

Antes del año 1600, las jirafas eran conocidas en Europa como "camelopardalis", una combinación de camello y leopardo, debido a su apariencia distintiva. Este nombre refleja los intentos tempranos de clasificar y comprender la diversidad del mundo natural antes del desarrollo de la taxonomía moderna.

¿Sabías qué?

El Restaurante Más Antiguo del Mundo

Madrid alberga el restaurante más antiguo del mundo en funcionamiento continuo: Sobrino de Botín, abierto desde 1725. Este establecimiento no solo es un testimonio de la rica historia culinaria de España, sino también de la capacidad de un negocio para adaptarse y prosperar a lo largo de los siglos.

¿Sabías qué?

El Encanto de los Antiguos Mapas Romanos

Las antiguas estatuas romanas, ahora conocidas por su apariencia en mármol blanco, originalmente eran pintadas en colores brillantes. Este hecho, revelado a través de análisis modernos, desafía nuestra percepción de la antigüedad clásica y subraya la importancia de la coloración en el arte y la sociedad romana.

¿Sabías qué?

La Miel: Un Alimento Eterno

La miel es conocida por su increíble longevidad, siendo uno de los pocos alimentos que no se echan a perder con el tiempo. La miel encontrada en tumbas egipcias, aún comestible después de miles de años, es un testimonio de sus propiedades preservativas naturales.

¿Sabías qué?

Kiribati: Un País en Cuatro Hemisferios

Kiribati es único en el sentido de que se extiende a través de los cuatro hemisferios de la Tierra, lo que lo convierte en el único país con esta particular distribución geográfica. Esta singularidad no solo es interesante desde una perspectiva geográfica, sino que también plantea desafíos y oportunidades únicas en términos de gestión y conservación del medio ambiente.

¿Sabías qué?

Migración de Cangrejos en la Isla de Navidad

Una de las migraciones más espectaculares del mundo animal ocurre cada año en la Isla de Navidad, donde millones de cangrejos rojos migran desde el bosque hasta la costa para aparearse y desovar. Este fenómeno, considerado la mayor migración de cangrejos terrestres a nivel global, transforma el paisaje en un mar rojo vivo, ofreciendo una vista impresionante y subrayando los extraordinarios ciclos de la naturaleza.

¿Sabías qué?

El Rollo de Papel Higiénico de los Kleenex

Los pañuelos Kleenex, hoy un producto básico en hogares de todo el mundo, fueron originalmente diseñados como filtros para máscaras antigás durante la Primera Guerra Mundial. La reinvención de este producto para la higiene personal es un ejemplo fascinante de cómo los objetos pueden adquirir nuevos propósitos a lo largo del tiempo, adaptándose a las necesidades y contextos cambiantes de la sociedad.

¿Sabías qué?

La Belleza Intrincada de los Erizos de Mar

Los erizos de mar, a menudo percibidos como simples esferas espinosas, revelan una complejidad asombrosa y una belleza delicada al ser observados de cerca. Estas criaturas, parte vital de los ecosistemas marinos, son un recordatorio de la diversidad y la sofisticación que se esconde en las profundidades del océano.

¿Sabías qué?

Robots Meseros en Tokio

En una cafetería de Tokio, los robots no son solo parte del personal, sino también un puente hacia la inclusión y la accesibilidad. Operados a distancia por personas con discapacidades, estos robots meseros permiten a sus operadores interactuar con los clientes y realizar tareas de manera efectiva, demostrando el potencial de la tecnología para mejorar la calidad de vida y fomentar una sociedad más inclusiva.

¿Sabías qué?

El Excremento Fosilizado más Largo del Mundo

La paleontología nos ofrece a veces hallazgos tan inusuales como fascinantes, como es el caso del coprolito (excremento fosilizado) más largo del mundo, que mide 102 centímetros. Este vestigio de la antigüedad, dejado por un animal aún desconocido hace 33 millones de años, es una ventana a los hábitos alimenticios y el comportamiento de las criaturas prehistóricas.

¿Sabías qué?

Pelotas de Tenis: Un Cambio de Color Significativo

Hasta 1972, las pelotas de tenis eran tradicionalmente blancas o negras. El cambio a un vibrante amarillo neón no fue solo estético, sino una medida práctica para mejorar la visibilidad de las pelotas tanto para jugadores como para espectadores, especialmente en transmisiones televisivas. Este ajuste subraya cómo incluso pequeñas modificaciones pueden tener un gran impacto en el rendimiento y la percepción en los deportes.

¿Sabías qué?

La Casa Más Estrecha del Mundo

En Polonia, se encuentra la casa más estrecha del mundo, un triunfo de la arquitectura y el diseño que desafía nuestras nociones de espacio habitable. Con un ancho mínimo de solo 92 centímetros, esta residencia no solo es un hogar, sino también una declaración artística sobre la adaptabilidad y la creatividad humana frente a las limitaciones físicas.

¿Sabías qué?

Dodge La Femme: Un Auto para Mujeres

En 1955, Dodge introdujo el La Femme, un automóvil diseñado exclusivamente para mujeres, con accesorios a juego y una paleta de colores pensada para atraer al público femenino. A pesar de su concepto innovador, el modelo no logró el éxito esperado y se convirtió en un interesante episodio en la historia de la automoción, reflejando las percepciones de género de la época.

¿Sabías qué?

La Boa Árabe de Arena: Un Ejemplo de Camuflaje Perfecto

La boa árabe de arena, a menudo considerada por su apariencia inusual, es un maestro del camuflaje en su hábitat desértico. Esta serpiente es un ejemplo fascinante de cómo los animales se han adaptado de maneras extraordinarias a sus entornos, maximizando sus oportunidades de supervivencia y éxito en la captura de presas.

¿Sabías qué?

"Super Mario Bros." y las Torres Gemelas

La película de "Super Mario Bros." de 1993 contiene una escena que, retrospectivamente, se ha interpretado como una predicción inquietante de la desaparición de las Torres Gemelas en 2001. Este tipo de coincidencias en la cultura pop a menudo generan debates y teorías, destacando cómo los eventos futuros pueden encontrar ecos inesperados en las creaciones artísticas del pasado.

¿Sabías qué?

Arte y Perspectiva: Engañando a la Vista

El arte tiene el poder de transformar nuestra percepción de la realidad, como demuestra la obra de Roy Lichtenstein que utiliza la perspectiva para crear ilusiones ópticas. Este tipo de arte nos invita a explorar la relación entre la percepción visual y la interpretación cognitiva, recordándonos que lo que vemos está influenciado por cómo lo interpretamos.

¿Sabías qué?

La Honestidad a Prueba: Un Experimento Global

Un grupo de investigadores llevó a cabo un experimento singular, perdiendo intencionalmente 17,000 carteras en ciudades alrededor del mundo para medir la honestidad de las personas. Los resultados, que mostraron mayor honestidad en los países escandinavos, ofrecen una mirada intrigante a los valores culturales y la ética social en diversas sociedades.

¿Sabías qué?

Inspiración Felina para "El Rey León"

Para la creación de "El Rey León", los animadores de Disney tomaron clases de dibujo de felinos, buscando capturar la esencia y el movimiento de estos majestuosos animales. Este enfoque detallado subraya la importancia de la observación y el estudio en el arte, permitiendo a los creadores traer a la vida personajes animados con autenticidad y emoción.

¿Sabías qué?

El Origen del Cabello Rubio

La aparición del cabello rubio en humanos, hace unos 11,000 años, es un ejemplo fascinante de cómo la evolución responde a los cambios ambientales. Este rasgo, más común en el norte de Europa, se desarrolló como una adaptación a la menor intensidad de la luz solar, permitiendo una mejor síntesis de vitamina D en condiciones de poca luz.

¿Sabías qué?

Rafflesia: La Flor Gigante

La Rafflesia, conocida por ser la flor más grande del mundo, es un espectáculo de la naturaleza con ejemplares que pueden alcanzar hasta un metro de diámetro. Este gigante botánico, que crece en el sudeste asiático, no solo impresiona por su tamaño, sino también por su peculiar método de polinización y su aspecto único.

¿Sabías qué?

Música Sin Barreras de Edad

Sumiko Iwamura, una mujer japonesa que de día trabaja en un restaurante y de noche se convierte en DJ a los 84 años, es un inspirador ejemplo de que la pasión y la creatividad no tienen límites de edad. Su historia nos recuerda que nunca es tarde para explorar nuevos intereses o cambiar de carrera.

¿Sabías qué?

El Tesseract: Explorando Dimensiones Superiores

El tesseract, o hipercubo, es una figura geométrica que representa la proyección de un cubo en cuatro dimensiones. Este concepto, que desafía nuestra comprensión tridimensional del espacio, es un fascinante recordatorio de las complejidades y misterios del universo matemático y físico.

¿Sabías qué?

La Ingeniería de los Iglús

Los iglús, con su diseño inteligente que utiliza el aislamiento térmico del hielo, son capaces de mantener una temperatura interior cálida incluso en los climas más fríos. Esta estructura tradicional de los pueblos inuit es un ejemplo admirable de adaptación humana a entornos extremos, utilizando materiales y técnicas disponibles localmente.

¿Sabías qué?

Publicidad Espacial: Un Futuro Brillante o Preocupante

Una compañía rusa ha planteado la idea de colocar anuncios en el espacio, visibles desde la Tierra. Este concepto, aunque tecnológicamente intrigante, plantea preguntas éticas y prácticas sobre el uso del espacio exterior y el impacto visual en nuestro cielo nocturno.

¿Sabías qué?

Tradición y Tecnología en la Fabricación de Muñecas

Los métodos tradicionales de colocación y estilización del cabello en las muñecas antiguas nos dan una visión de las habilidades artesanales y la atención al detalle involucradas en la creación de juguetes antes de la era de la producción masiva. Este proceso artesanal contrasta con las técnicas modernas de fabricación, resaltando la evolución de la industria del juguete.

¿Sabías qué?

Comparativa de Velocidades: GT vs. Fórmula 1

Una comparación visual entre los autos GT y los Fórmula 1 revela una impresionante diferencia de velocidad, con los Fórmula 1 alcanzando más del doble de la velocidad de los GT. Este contraste no solo destaca las capacidades técnicas y el diseño avanzado de los vehículos de Fórmula 1, sino también la intensidad y la emoción que caracterizan a este deporte de motor.

¿Sabías qué?

Goalball: Deporte Paralímpico de Inclusión

El goalball es un deporte diseñado específicamente para atletas con discapacidad visual, donde los jugadores se guían por el sonido de cascabeles dentro de la pelota para bloquear y anotar goles. Este deporte subraya la importancia de la inclusión y la adaptabilidad en el ámbito deportivo, ofreciendo una plataforma competitiva que destaca las habilidades y el espíritu de los atletas.

¿Sabías qué?

El Asombroso Mundo de las Mariquitas

La tecnología de cámaras de alta velocidad ha revelado la complejidad con la que las mariquitas pliegan sus alas bajo sus élitros, una adaptación que les permite la protección y la aerodinámica. Este mecanismo detallado es un ejemplo más de la asombrosa ingeniería biológica encontrada en el reino animal.

¿Sabías qué?

Castores: Arquitectos Naturales con Dientes de Hierro

Los castores son conocidos por sus habilidades de construcción, pero ¿sabías que sus incisivos naranjas contienen altas concentraciones de hierro, lo que los hace excepcionalmente fuertes y resistentes al desgaste? Este rasgo les permite morder y manipular madera con eficacia, demostrando una vez más la extraordinaria adaptación de los animales a sus entornos.

¿Sabías qué?

Google Maps: Exploración sin Límites

Para capturar imágenes de lugares inaccesibles para los autos, Google Maps ha empleado camellos equipados con cámaras de 360 grados. Este enfoque innovador no solo demuestra la creatividad en la solución de problemas, sino también el compromiso de Google con la creación de un mapa digital del mundo lo más completo posible.

¿Sabías qué?

Llantas Luminosas: Una Idea Brillante pero Distractora

En la década de 1960, Goodyear experimentó con llantas luminosas, una innovación que, aunque visualmente impactante, se abandonó debido a su potencial distracción para otros conductores. Esta anécdota resalta cómo la innovación y la seguridad deben ir de la mano en el diseño de productos automotrices.

¿Sabías qué?

RH Nulo: El Tipo de Sangre Más Raro

El RH nulo, conocido como la "sangre dorada", es el tipo de sangre más raro del mundo, presente solo en unas pocas personas. Esta rareza no solo plantea desafíos en términos de transfusiones y tratamientos médicos, sino que también destaca la increíble diversidad biológica humana.

¿Sabías qué?

Videojuegos Más Vendidos: Una Industria Gigante

Los videojuegos más vendidos de la historia, con "Tetris" a la cabeza, seguido por "Minecraft" y "GTA V", reflejan la masiva popularidad y el impacto cultural de la industria del videojuego. Estos títulos han trascendido su medio, convirtiéndose en fenómenos globales que influyen en diversas formas de entretenimiento y cultura.

¿Sabías qué?

El Repelente Natural del Pepino

El pepino actúa como un repelente natural para las cucarachas, una peculiaridad que subraya la compleja interacción entre las plantas y los insectos en la naturaleza. Este hecho puede inspirar soluciones ecológicas y sostenibles para el control de plagas en hogares y jardines.

¿Sabías qué?

Mapa del Atlántico de 1474:
La Visión de Colón

Un mapa del océano Atlántico de 1474 refleja lo que Cristóbal Colón esperaba encontrar en su viaje hacia Asia, mostrando Catai (China) y Cipango (Japón) según las concepciones de la época. Este documento histórico nos ofrece una ventana al entendimiento geográfico del siglo XV y las motivaciones detrás de las expediciones que cambiaron el curso de la historia.

¿Sabías qué?

La Ilusión Auditiva del Efecto McGurk

El efecto McGurk demuestra cómo nuestra percepción del sonido puede ser alterada por lo que vemos, revelando la interacción entre la vista y el oído en la percepción del habla. Este fenómeno ocurre cuando un sonido se fusiona con un movimiento labial incongruente, resultando en la percepción de un tercer sonido distinto. Este efecto ilustra la complejidad de nuestros procesos sensoriales y cómo pueden ser influenciados por factores externos.

¿Sabías qué?

Hexafluoruro de Azufre: Un Gas con Propiedades Únicas

El hexafluoruro de azufre es un gas notable por su alta densidad, seis veces mayor que la del aire, lo que le otorga propiedades acústicas inusuales, como la capacidad de hacer que la voz humana suene más grave. Aunque es inofensivo en pequeñas cantidades, este gas es un potente gas de efecto invernadero, lo que resalta la importancia de equilibrar el uso de materiales industriales con su impacto ambiental.

¿Sabías qué?

Países Más Redondos del Mundo

La curiosa clasificación de los países según su "redondez" pone de manifiesto cómo podemos aplicar conceptos matemáticos y geométricos a la geografía de formas inesperadas. Sierra Leona, siendo nombrado el país más redondo, es un ejemplo divertido de cómo los datos y las estadísticas pueden ofrecer perspectivas novedosas sobre el mundo.

¿Sabías qué?

Tanques de Aire Asirios

La ingeniosa estrategia de los soldados asirios, que utilizaban pieles de oveja como tanques de aire para sumergirse y acercarse a sus enemigos de manera sigilosa, es un temprano testimonio de la ingeniería militar y la táctica de guerra. Este método subraya la creatividad humana en la adaptación de recursos naturales para fines estratégicos.

¿Sabías qué?

La Singularidad de los Aviones

La curiosidad acerca de todos los aviones que deben tener un aspecto no especificado en la transcripción inicial sugiere la existencia de regulaciones y estándares únicos en la aviación. Estas normas, que abarcan desde la seguridad hasta la comodidad y la eficiencia, garantizan que la experiencia de vuelo sea segura y agradable para todos los pasajeros. La complejidad y la precisión requeridas en el diseño y el mantenimiento de los aviones son testimonio de los avances en la ingeniería aeroespacial y la regulación del transporte aéreo.

¿Sabías qué?

Triboluminiscencia: La Luz de la Fractura

La triboluminiscencia es un fenómeno fascinante que ocurre cuando ciertos materiales emiten luz al ser aplastados, raspados o rotos. Esta emisión de luz resulta de la ruptura de enlaces químicos y la subsiguiente creación de una carga eléctrica, que al descargarse en el aire, produce luz. Este efecto se puede observar en materiales tan comunes como el azúcar cristalizado y ofrece una ventana a las complejas interacciones entre la mecánica y la electromagnética.

¿Sabías qué?

La Lealtad de las Abejas

En mayo de 2017, un enjambre de 20,000 abejas siguió el coche de una señora por horas porque la reina se quedó atrapada dentro. Este incidente destaca la fuerte lealtad y el comportamiento de enjambre de las abejas, que están increíblemente sintonizadas con la presencia de su reina, demostrando la complejidad y la sofisticación de la organización social de estos insectos.

¿Sabías qué?

Longevidad de la Hormiga Reina

Las hormigas reina pueden vivir hasta 29 años, una expectativa de vida sorprendente en el reino de los insectos y mucho más larga que la de muchos mamíferos domésticos. Esta longevidad es esencial para la estabilidad y el crecimiento continuo de la colonia de hormigas, subrayando la importancia de la reina en la jerarquía y la supervivencia de la colonia.

¿Sabías qué?

Zoótropo: Un Antecesor de la Animación

El zoótropo, inventado por William Horner en 1834, es uno de los dispositivos precursores del cine y la animación. Al girar, el zoótropo crea la ilusión de movimiento a partir de una secuencia de imágenes estáticas, demostrando cómo la percepción humana puede ser manipulada para crear la experiencia de imágenes en movimiento, un principio fundamental en la animación moderna.

¿Sabías qué?

Parches de Belleza en el Siglo XVIII

En el siglo XVIII, era común el uso de parches de belleza hechos de terciopelo, seda o incluso piel de ratón. Estos parches no solo servían para ocultar imperfecciones de la piel sino que también se convirtieron en una declaración de moda y estatus. La ubicación y la forma de los parches podían incluso comunicar mensajes coquetos o políticos, reflejando las complejidades sociales de la época.

¿Sabías qué?

Pinball Dermatológico: Un Juego Singular

El juego de mesa descrito, que simula la extracción de barro con diferentes puntajes, combina humor y habilidad manual. Aunque no es un juego tradicional de pinball, ilustra cómo los conceptos de juegos pueden variar enormemente y ser adaptados a contextos inesperados, ofreciendo entretenimiento a través de la simulación de actividades cotidianas.

¿Sabías qué?

El Theremín: Música Sin Contacto

El theremín, un instrumento musical electrónico que se toca sin contacto físico, fue inventado por Léon Theremin en 1920. La proximidad de las manos del músico a las antenas del instrumento controla el tono y el volumen, creando sonidos etéreos y únicos. Este instrumento destaca por su innovador método de ejecución y su influencia en la música electrónica y experimental.

¿Sabías qué?

Autoconducción y Creatividad Inesperada

La anécdota de la pareja que grabó una escena en un Tesla con piloto automático activado refleja la intersección entre la tecnología emergente y los usos imprevistos que las personas pueden encontrar para ella. Mientras que la autoconducción promete revolucionar el transporte, también plantea cuestiones sobre la seguridad, la privacidad y las normas sociales en la era digital.

¿Sabías qué?

La Proyección de Mercator y la Distorsión Geográfica

La proyección de Mercator, aunque útil para la navegación, distorsiona el tamaño real de las áreas, especialmente cerca de los polos. Al comparar Groenlandia con México, se evidencia cómo esta proyección puede llevar a malentendidos sobre la escala real de los países, destacando la importancia de elegir la proyección cartográfica adecuada para representar la geografía mundial de manera precisa.

¿Sabías qué?

El Plastrón de las Tortugas

La parte inferior del caparazón de una tortuga, conocida como plastrón, juega un papel crucial en la protección y la estructura del cuerpo de la tortuga. La conexión del plastrón con el caparazón superior a través de puentes óseos laterales muestra la complejidad del diseño natural de estas criaturas, adaptadas a lo largo de millones de años para la supervivencia y la defensa.

¿Sabías qué?

Amaneceres y Puestas de Sol en la Estación Espacial Internacional

Los astronautas en la Estación Espacial Internacional (EEI) experimentan 16 amaneceres y 16 puestas de sol cada día debido a su órbita rápida alrededor de la Tierra, completando una vuelta cada 90 minutos. Este fenómeno resalta no solo la velocidad impresionante de la EEI, sino también la relatividad de la experiencia del tiempo y los ciclos diarios en el espacio.

¿Sabías qué?

Radiografía de una Persona con Obesidad Severa

La radiografía de un hombre de más de 300 kilos desmiente el mito de los "huesos anchos" como causa del sobrepeso, mostrando que el exceso de peso es mayormente atribuible a la masa grasa y no a una estructura ósea más grande. Este hecho subraya la importancia de abordar la obesidad con comprensión y tratamientos basados en evidencia médica.

¿Sabías qué?

Rosas Verdes Naturales

Aunque las rosas verdes son extremadamente raras, existen de forma natural y son distintas por la ausencia de pétalos tradicionales, mostrando en su lugar sépalos verdes. Este tipo de rosa desafía la percepción común de cómo debería ser una rosa, demostrando la diversidad y la adaptabilidad del mundo botánico.

¿Sabías qué?

Máscaras Antigás para Niños

Durante la Primera Guerra Mundial, se diseñaron máscaras antigás para niños inspiradas en personajes de dibujos animados, con el objetivo de hacer menos aterrador el uso de estos dispositivos de protección. Esta estrategia resalta cómo, incluso en tiempos de conflicto, se buscaron maneras de preservar la inocencia y reducir el trauma psicológico en los más jóvenes.

¿Sabías qué?

Hienas y su Relación Genética con los Felinos

Contrario a la creencia popular que las asocia más con los perros, las hienas están genéticamente más relacionadas con los felinos. Este hecho es un recordatorio fascinante de la complejidad del árbol evolutivo y cómo las apariencias pueden ser engañosas en la clasificación de especies.

¿Sabías qué?

La Verdad sobre Mentir y la Necesidad de Orinar

Un estudio científico reveló que las personas pueden mentir mejor cuando tienen ganas de orinar. Este curioso vínculo se debe al "efecto inhibitorio" donde el esfuerzo por controlar la vejiga se traduce en una mejor capacidad para controlar otros impulsos, como el de mentir.

¿Sabías qué?

El Aroma a Frituras en las Patas de los Perros

El olor a frituras en las patas de los perros es causado por la bacteria Pseudomonas, que se mezcla con el sudor del perro, creando ese aroma característico. Este fenómeno resalta la complejidad del microbioma de los perros y cómo factores aparentemente insignificantes pueden influir en nuestra percepción de ellos.

¿Sabías qué?

"Abbey Road" de The Beatles y su Título Original

El álbum "Abbey Road" de The Beatles originalmente iba a llamarse "Everest", pero se cambió debido a la preferencia por una locación más conveniente para la fotografía de portada. Este cambio de planes resultó en una de las portadas de álbumes más icónicas de la historia de la música.

¿Sabías qué?

Pulmones de Caballo: Una Mirada a su Capacidad Pulmonar

Los pulmones de un caballo completamente inflados ofrecen una visión impresionante de la capacidad respiratoria de estos animales, esencial para su rendimiento en carreras y otras actividades físicas intensas. Este hecho destaca la extraordinaria adaptación fisiológica de los caballos a la exigencia de oxígeno durante el ejercicio.

¿Sabías qué?

Orígenes de la Salsa de Tomate

Contrario a la creencia popular, la salsa de tomate tiene sus raíces en México y no en Italia, con evidencia de su uso en los mercados de Tenochtitlán antes de la llegada de los españoles. Este descubrimiento subraya la rica historia culinaria de América y cómo sus sabores han influenciado la cocina mundial.

¿Sabías qué?

Ilusión Óptica de las Esferas de Color Uniforme

La ilusión óptica donde todas las esferas parecen ser de colores diferentes, pero en realidad son del mismo color, demuestra cómo nuestro cerebro puede ser engañado por el contexto visual. Este efecto resalta la complejidad de la percepción visual y cómo nuestro entorno puede influir en nuestra interpretación de los colores.

¿Sabías qué?

Labios Independientes de los Manatíes

Los manatíes tienen la capacidad de mover cada lado de su labio superior de manera independiente, una adaptación que les permite manipular y consumir vegetación acuática con eficacia. Este rasgo único subraya la diversidad evolutiva en las adaptaciones alimenticias de la fauna acuática.

¿Sabías qué?

Tiburones Blancos desde Abajo

La vista de un tiburón blanco desde abajo, donde se ocultan sus contornos contra la luz del sol, es un recordatorio de la adaptación de estos depredadores al acecho en su medio ambiente. Esta perspectiva ofrece una visión única de la estrategia de caza de uno de los depredadores marinos más icónicos.

¿Sabías qué?

Ámbar Gris en la Perfumería

El ámbar gris, una rara secreción producida por los cachalotes, se ha utilizado históricamente en la perfumería como fijador para prolongar la duración de los aromas. A pesar de su origen peculiar, el ámbar gris es muy valorado por sus cualidades únicas en la creación de fragancias.

¿Sabías qué?

"101 Dálmatas" y la Realidad de los Desechos Caninos

La película "101 Dálmatas" deja a la imaginación la logística de cuidar a tantos perros, pero un cálculo en internet estima que 101 perros producirían alrededor de 35 kilogramos de desechos al día. Este dato curioso nos hace reflexionar sobre las responsabilidades y desafíos del cuidado animal en la vida real, más allá de las historias encantadoras del cine.

¿Sabías qué?

Soplar Velas de Cumpleaños Aumenta Bacterias

Un estudio reveló que soplar las velas de un pastel de cumpleaños puede aumentar la cantidad de bacterias en el pastel en un 1,400%. Este hallazgo subraya la importancia de la higiene y podría hacer que reconsideremos esta tradición, especialmente en tiempos en que somos más conscientes de la transmisión de gérmenes.

¿Sabías qué?

Metro de Moscú y Sentadillas como Pago

En una iniciativa única, el servicio de metro en Moscú ofreció boletos a cambio de 30 sentadillas, promoviendo así la actividad física entre sus ciudadanos. Esta campaña creativa destaca cómo las ciudades pueden incentivar estilos de vida saludables de maneras innovadoras y divertidas.

¿Sabías qué?

Pruebas de Embarazo con Sapos

Antes de las pruebas de embarazo modernas, se usaban sapos para determinar el embarazo. La orina de una mujer embarazada, que contiene la hormona hCG, se inyectaba en un sapo y si inducía la ovulación en el anfibio, la prueba se consideraba positiva. Este método refleja cómo los avances científicos han simplificado y mejorado la precisión de las pruebas médicas a lo largo del tiempo.

¿Sabías qué?

La Risa en Chimpancés y Ratas

Investigaciones han demostrado que, además de los humanos, los chimpancés y las ratas son capaces de reír. Esta capacidad sugiere que la risa puede tener raíces evolutivas más profundas y funciona como un mecanismo social importante en varias especies, no solo en los humanos.

¿Sabías qué?

Movimiento de los Moluscos dentro de las Conchas

El movimiento cauteloso de los moluscos dentro de sus conchas, especialmente cuando perciben peligro, es un ejemplo de cómo los animales utilizan sus refugios naturales para protegerse. Este comportamiento subraya la adaptación y las estrategias de supervivencia en el reino animal.

¿Sabías qué?

Crecimiento Anual del Cabello Humano

El cabello humano crece aproximadamente 15 centímetros al año. Si sumáramos el crecimiento anual de cabello de toda la población mundial, la longitud sería suficiente para rodear la Tierra varias veces. Este dato curioso nos hace conscientes de la impresionante escala colectiva de los procesos biológicos humanos.

¿Sabías qué?

Inteligencia de los Cuervos

Los cuervos son conocidos por su notable inteligencia, incluida su habilidad para usar herramientas y resolver problemas complejos. Observar a un cuervo manipulando situaciones para su beneficio, como provocar una pelea entre buitres para acceder a comida, demuestra su sofisticación cognitiva y su capacidad para adaptarse y aprovechar su entorno.

¿Sabías qué?

Viaje de Bebés en Avión en los Años 60

En los años 60, los bebés viajaban en aviones en cunas colgantes, una práctica que hoy parece arriesgada pero que refleja las normas de seguridad y comodidad de la época. Este hecho histórico destaca cómo han evolucionado las medidas de seguridad y comodidad en los viajes aéreos, especialmente para los pasajeros más jóvenes.

¿Sabías qué?

Hormigas Marabunta y su Ingeniería Social

Las hormigas marabunta son capaces de formar estructuras vivas, como puentes, para superar obstáculos y alcanzar alimentos. Esta habilidad refleja una impresionante coordinación y cooperación social, mostrando la complejidad de las sociedades de insectos y su capacidad para resolver problemas colectivamente.

¿Sabías qué?

Valonia Ventricosa: El Organismo Unicelular Más Grande

La Valonia ventricosa es notable por ser uno de los organismos unicelulares más grandes conocidos, visible a simple vista como una esfera verde. Este organismo desafía la noción de que los seres unicelulares son microscópicos, mostrando la diversidad y las sorpresas que aún nos reserva el estudio de la biología.

¿Sabías qué?

Membrana Pupilar Persistente en Perros

La membrana pupilar persistente es una condición en la cual restos de tejido fetal permanecen en el ojo después del nacimiento, común en ciertas razas de perros. Aunque a menudo es inofensiva, puede requerir intervención quirúrgica, lo que subraya la importancia de la atención veterinaria especializada para la salud ocular de las mascotas.

¿Sabías qué?

El Espiráculo de las Ballenas

El espiráculo de una ballena, su orificio respiratorio en la parte superior de la cabeza, es crucial para su capacidad de respirar mientras permanece mayormente sumergida. Este rasgo adaptativo les permite maximizar su eficiencia al respirar en la superficie antes de sumergirse nuevamente.

¿Sabías qué?

Tardígrados y la Tensión Superficial

Los tardígrados, o "osos de agua", son microorganismos conocidos por su resistencia extrema. Ver a uno interactuando con una burbuja de agua ilustra la tensión superficial y cómo incluso los organismos más pequeños interactúan con las propiedades físicas de su entorno de maneras únicas.

¿Sabías qué?

Señales de Tráfico con Proyecciones Láser en Australia

Australia ha implementado señales de tráfico que usan proyecciones láser sobre cortinas de agua, una tecnología futurista destinada a mejorar la seguridad, especialmente en la entrada de túneles. Esta innovación refleja cómo la tecnología puede ser aplicada para mejorar la infraestructura y la seguridad vial.

¿Sabías qué?

Pastillas Efervescentes en el Espacio

La observación de una pastilla efervescente en una burbuja de agua en microgravedad demuestra cómo los principios físicos básicos, como la efervescencia, pueden comportarse de manera inesperada en el entorno del espacio, proporcionando una fascinante visión de la física en condiciones de microgravedad.

¿Sabías qué?

El Pulpo Gigante del Pacífico y su Dieta

El pulpo gigante del Pacífico, conocido por alimentarse de una variedad de mariscos, ocasionalmente también caza tiburones, lo que desafía la percepción común de la cadena alimenticia en el océano. Este hecho resalta la adaptabilidad y las habilidades de caza de uno de los invertebrados más grandes y complejos del océano.

¿Sabías qué?

"Superman Lives": Una Película No Realizada

"Superman Lives", una película que habría sido dirigida por Tim Burton y protagonizada por Nicolas Cage, es un famoso proyecto no realizado de Hollywood. La inversión de 30 millones de dólares antes de su cancelación subraya cómo la industria cinematográfica a veces invierte significativamente en proyectos que nunca llegan a materializarse.

¿Sabías qué?

Fotografía Ganadora y Tecnología de Corte Láser

Una fotografía que muestra la precisión del corte láser al ser aplicado a una mosca, ganadora de un concurso, destaca las capacidades de la tecnología moderna para crear arte y demostraciones científicas detalladas, fusionando la ciencia con la expresión artística.

¿Sabías qué?

El Tamaño de la Pata de un Oso

La visión del tamaño real de la pata de un oso pone en perspectiva la magnitud y la fuerza de estos mamíferos, recordándonos la impresionante presencia física de la fauna salvaje y la importancia de respetar y conservar estos poderosos animales en su hábitat natural.

¿Sabías qué?

Comportamiento de las Avispas y las Hormigas

El video que muestra cómo las hormigas marabunta forman un puente vivo para alcanzar un panal de avispas ilustra la increíble coordinación y determinación de estos insectos. Este comportamiento colectivo resalta la complejidad de las sociedades de insectos y su capacidad para superar obstáculos de manera cooperativa.

¿Sabías qué?

La Eficacia del Repelente Natural del Pepino

El pepino actúa como un repelente natural para las cucarachas debido a los compuestos químicos que libera al descomponerse. Este efecto subraya cómo las soluciones naturales y los remedios caseros pueden ser efectivos para el control de plagas, ofreciendo alternativas ecológicas a los insecticidas químicos.

¿Sabías qué?

El Engaño de las Rosas Verdes

La creencia de que existen rosas verdes naturales es un mito perpetuado por imágenes de rosas teñidas artificialmente. Las verdaderas rosas verdes carecen de pétalos y consisten principalmente en sépalos verdes. Este hecho destaca la influencia de la manipulación de imágenes en nuestras percepciones de la naturaleza y la importancia de verificar la información antes de aceptarla como verdadera.

¿Sabías qué?

Máscaras Antigás para Niños con Diseños Amigables

Durante la Primera Guerra Mundial, se diseñaron máscaras antigás para niños con la apariencia de personajes populares para hacerlas menos intimidantes. Este enfoque consideraba el impacto psicológico del conflicto en los niños y la importancia de proteger su bienestar emocional en tiempos de crisis.

¿Sabías qué?

Hienas: Más Cercanas a los Felinos que a los Caninos

A pesar de su apariencia similar a la de los perros, las hienas están genéticamente más relacionadas con los felinos. Este sorprendente parentesco resalta la complejidad del árbol evolutivo y cómo las apariencias externas pueden ser engañosas al determinar las relaciones filogenéticas entre especies.

¿Sabías qué?

La Relación entre la Necesidad de Orinar y la Capacidad para Mentir

Un estudio sugiere que las personas pueden encontrar más fácil mentir cuando tienen urgencia de orinar, debido a la activación de los mecanismos de autocontrol en el cerebro. Este curioso vínculo entre las funciones fisiológicas y el comportamiento cognitivo ofrece una visión intrigante de la complejidad de la mente humana.

¿Sabías qué?

El Olor a "Frituras" en las Patas de los Perros

El aroma similar a frituras en las patas de los perros se debe a la presencia de bacterias como Pseudomonas y Micrococcus, que prosperan en ambientes húmedos y producen ese olor característico. Este fenómeno destaca la diversidad del microbioma de los perros y cómo afecta de manera sorprendente nuestra experiencia sensorial con nuestras mascotas.

¿Sabías qué?

"Abbey Road" de The Beatles y su Título Original

El álbum "Abbey Road" de The Beatles iba a llamarse originalmente "Everest", pero el título se cambió por conveniencia. La decisión de usar "Abbey Road" y la icónica portada del álbum se convirtió en uno de los momentos más memorables en la historia de la música, demostrando cómo las decisiones aparentemente pequeñas pueden tener un gran impacto cultural.

¿Sabías qué?

La Impresionante Capacidad Pulmonar de los Caballos

La capacidad pulmonar de los caballos, especialmente evidente en los pulmones completamente inflados, subraya la extraordinaria adaptación de estos animales para el rendimiento en actividades que requieren resistencia y velocidad. Este hecho ilustra la asombrosa especialización fisiológica en el reino animal adaptada a diferentes estilos de vida y entornos.

¿Sabías qué?

Los Orígenes de la Salsa de Tomate

A pesar de su asociación con la cocina italiana, la salsa de tomate tiene orígenes en México, donde ya se consumía antes de la llegada de los europeos. Este dato resalta la rica historia culinaria de América y cómo sus ingredientes y platos han influenciado las cocinas de todo el mundo.

¿Sabías qué?

Ilusión Óptica de las Esferas de Color Uniforme

La ilusión óptica que hace que las esferas parezcan de diferentes colores, aunque en realidad son del mismo tono, demuestra cómo nuestro cerebro interpreta el color basándose en el contexto visual. Este fenómeno nos recuerda la complejidad de nuestra percepción visual y cómo puede ser fácilmente influenciada por factores ambientales.

¿Sabías qué?

Movilidad Independiente de los Labios del Manatí

Los manatíes tienen una habilidad única: pueden mover cada lado de su labio superior de manera independiente, lo que les permite agarrar y manipular su alimento de manera efectiva. Este rasgo distintivo subraya la increíble adaptación de estas criaturas acuáticas a sus hábitats y dietas específicas, y es un ejemplo de la diversidad de mecanismos alimenticios en el reino animal.

¿Sabías qué?

Perspectiva Submarina de los Tiburones Blancos

Ver a los tiburones blancos desde abajo, contra la luz del sol, ofrece una perspectiva aterradora de estos depredadores. Esta vista ilustra su eficacia como cazadores sigilosos, capaces de acercarse a sus presas sin ser detectados. La adaptación de los tiburones a su entorno marino es un testimonio de la evolución en el reino animal, optimizando sus habilidades para la caza y la supervivencia.

¿Sabías qué?

Ámbar Gris: El Vómito de Ballena en la Perfumería

El ámbar gris, una sustancia producida por los cachalotes y encontrada flotando en los océanos o en las costas, ha sido valorado durante siglos en la perfumería como un fijador que ayuda a prolongar la durabilidad de los aromas. Este curioso ingrediente destaca la intersección entre el mundo natural y la creación de productos de lujo, así como la fascinante historia de los materiales raros utilizados en la fabricación de perfumes.

¿Sabías qué?

"101 Dálmatas" y el Desafío Logístico de los Desechos Caninos

La película "101 Dálmatas" nos deja con la encantadora imagen de una gran familia de dálmatas, pero rara vez consideramos la logística de manejar los desechos de tantos perros. Alguien calculó que 101 perros producirían alrededor de 35 kilogramos de heces al día, resaltando los desafíos prácticos y las responsabilidades que conlleva el cuidado de mascotas, especialmente en grandes cantidades.

¿Sabías qué?

Soplar Velas de Cumpleaños y el Aumento de Bacterias

Un estudio encontró que soplar las velas en un pastel de cumpleaños puede aumentar significativamente la cantidad de bacterias presentes en el pastel. Este hallazgo resalta consideraciones de higiene que muchos podrían no tener en cuenta durante las celebraciones, y podría influir en cómo celebramos los cumpleaños en el futuro, especialmente en lo que respecta a la salud y la seguridad.

¿Sabías qué?

Sentadillas como Pago en el Metro de Moscú

En una iniciativa única, el metro de Moscú ofreció viajes gratuitos a los pasajeros que realizaran 30 sentadillas, como parte de una campaña para promover la actividad física. Esta innovadora forma de pago no solo fomenta un estilo de vida saludable, sino que también introduce una interacción lúdica y positiva con el sistema de transporte público, mostrando cómo la creatividad puede ser utilizada para mejorar la salud pública.

¿Sabías qué?

Pruebas de Embarazo con Sapos en el Pasado

Antes de la disponibilidad de las pruebas de embarazo modernas, se utilizaban sapos para determinar si una mujer estaba embarazada. La inyección de orina de una mujer en un sapo, que podría provocar que el anfibio ovule, era una práctica común en el diagnóstico del embarazo. Este método, aunque ahora nos parezca inusual, fue un paso importante en el desarrollo de pruebas biomédicas.

¿Sabías qué?

La Capacidad de Risa en los Chimpancés y las Ratas

Se ha observado que tanto los chimpancés como las ratas son capaces de reír, un comportamiento que se pensaba exclusivo de los humanos. La risa en estas especies, a menudo en respuesta a cosquillas o juegos, indica que la capacidad de experimentar alegría o diversión puede ser más común en el reino animal de lo que se creía anteriormente, ofreciendo insights sobre la evolución de las emociones y los comportamientos sociales.

¿Sabías qué?

El Movimiento de los Moluscos Dentro de las Conchas

Los moluscos se mueven de manera cautelosa dentro de sus conchas, especialmente cuando perciben una amenaza, utilizando su pie muscular para agarrarse a superficies o para retraerse completamente dentro de su protección. Este comportamiento es un ejemplo claro de cómo los animales utilizan sus adaptaciones físicas para la defensa y la supervivencia en ambientes a menudo hostiles.

¿Sabías qué?

El Crecimiento Anual del Cabello Humano

El cabello humano tiene un promedio de crecimiento de aproximadamente 15 centímetros al año. Si consideramos el crecimiento colectivo de cabello de toda la población mundial, la longitud acumulada sería astronómica, lo que nos da una perspectiva fascinante sobre los procesos biológicos humanos y su impacto a gran escala.

A medida que cerramos este capítulo de nuestra aventura por las curiosidades del mundo, quiero tomar un momento para expresar mi más sincera gratitud a todos aquellos que han hecho posible este viaje.

En primer lugar, a ti, querido lector, por tu curiosidad insaciable y tu entusiasmo por descubrir los misterios y maravillas que nos rodean. Tu pasión por el conocimiento es la verdadera inspiración detrás de estas páginas.

A mi familia y amigos, por su inquebrantable apoyo y ánimo en cada paso de este proyecto. Su fe en mí y en esta obra ha sido el faro que me guió a través de los momentos de duda y desafío.

A los investigadores, científicos y exploradores cuyos incansables esfuerzos por comprender nuestro mundo han proporcionado el fundamento sobre el cual se construyó este libro. Su dedicación a la búsqueda de la verdad es el pilar de todas las curiosidades que hemos explorado juntos.

A los editores, correctores y todo el equipo que ha trabajado detrás de escena para dar vida a este libro. Su habilidad, paciencia y atención al detalle han sido indispensables para transformar un sueño en realidad.

Y finalmente, a todos aquellos que, con su asombro y preguntas, mantienen viva la llama de la curiosidad. Este libro es para ustedes, los eternos buscadores de respuestas en un mundo repleto de preguntas.

Gracias desde lo más profundo de mi corazón por acompañarme en esta aventura. Espero que las curiosidades que hemos compartido no solo enriquezcan tu conocimiento, sino que también inspiren una continua búsqueda de maravillas en lo cotidiano.

Con gratitud y aprecio,

Leoslo

www.ingramcontent.com/pod-product-compliance
Lightning Source LLC
Chambersburg PA
CDIIW070809260726
48660CB00005B/1783